AF231989

A∴ L∴ G∴ D∴ G∴ A∴ D∴ L'UNIV∴

CRI DE BON SENS

FRANCE QUAND MÊME

DE LA RÉVOLUTION ÉCONOMIQUE DE 5875 A 58∴

PRÉCÉDÉE DE L'HISTOIRE PHILOSOPHIQUE

DE LA M∴ ET DE BEAUCOUP D'AUTRES CHOSES

PLANCHE CUJUS LIBET

Orateur de la R∴ L∴ du bon sens national de l'O∴ de France,
déclarée en sommeil par le convent de la rue Tédac,
sur la proposition du collège des rites de l'O∴ de Jérusalem.

IMPRIMÉ A ROUEN, L'AN DE LA V∴ L∴

5891

CRI DE BON SENS

FRANCE QUAND MÊME

DE LA RÉVOLUTION ÉCONOMIQUE DE 5875 A 58∴

PRÉCÉDÉE DE L'HISTOIRE PHILOSOPHIQUE

DE LA M∴ ET DE BEAUCOUP D'AUTRES CHOSES

PLANCHE CUJUS LIBET

Orateur de la R∴ L∴ du bon sens national de l'O∴ de France,
déclarée en sommeil par le convent de la rue Tédac,
sur la proposition du collège des rites de l'O∴ de Jérusalem.

IMPRIMÉ A ROUEN, L'AN DE LA V∴ L∴

5891

AVANT-PROPOS

« *L'Ordre des Francs-Maçons est une assemblée*
« *d'hommes sages et vertueux, dont l'objet est de*
« *vivre dans une parfaite égalité, d'être intimement*
« *unis par les liens de l'estime, de la confiance et de*
« *l'amitié, sous la dénomination de* FRÈRES *et de*
« *s'exciter les uns et les autres à la pratique des*
« *vertus..., etc.* »

Mes FF .·.

Le premier jour du mois lunaire, appelé Adar, de
l'an de la V .·. lum .·. 5890, régulièrement convo-
qués, nous étions fraternellement réunis dans la
val .·. de Roven, sous le conopée céleste du Zénith,
dans un lieu très régulier, très fort et très éclairé,
où régnaient le silence, la paix et l'équité.

A midi plein le T .·. Vén .·. ouvrit les trav .·.
symb .·. Tengu, Salix, Noni et votre secrétaire ad

vitam fut invité à présenter la planche d'architecture que le G ∴ O ∴ avait confiée à son pinceau.

Condamnés aujourd'hui au sommeil par l'indifférence criminelle des uns et l'audacieuse rébellion de frères aux matérielles visées, de maçons en révolte contre les préceptes sacrés de nos Statuts, dont j'ai pris ici l'avant-propos pour préface ; je fais revivre aujourd'hui cette planche pour tenter de rallumer l'étincelle sacrée dans le cœur des proscrits de cinq siècles et plus.

L'origine de la vraie Franc-Maçonnerie se perd dans la nuit des temps, il faut remonter presque à la dispersion des enfants de Noé pour en retrouver le commencement.

Les causes de sa création : les chercher dans les exigences sociales de races d'origines diverses, dispersées pêle-mêle, au hasard des migrations, dans l'immensité des continents nouveaux, exposées à des contacts fréquents et par suite, à des luttes fratricides, où les membres d'une même famille, ayant perdu sous des influences climatériques nouvelles les signes distinctifs de leur naissance, pouvaient se trouver amenées à s'entre-égorger.

La pensée de signes de reconnaissance secrets, affirmant leur solidarité et leur communauté d'origine, devait nécessairement venir à ces peuples de pasteurs, qui, nés sous le même groupement de tentes, se divisaient en bandes et partaient quand le sol nourricier était ou épuisé ou devenu trop restreint pour subvenir aux besoins de la famille, chercher au loin de nouveaux pâturages, poussant devant eux leurs troupeaux jusqu'à ce que l'eau ou les forêts laissâssent l'étendue de terrain nécessaire à leur subsistance, pour se subdiviser toujours en de nouvelles tribus, aller toujours en avant, jusqu'à ce que la mer ou tout autre obstacle infranchissable fussent venus les forcer à porter leurs pas vers d'autres contrées.

Puis aux liens de famille, aux affinités de race qui les portaient les uns vers les autres, vint s'ajouter une cause nouvelle de groupement.

L'homme, dès le commencement de son existence, a toujours eu dans l'imagination et dans le cœur, l'instinct, le besoin de remonter vers son origine; émanation d'un tout parfait, parcelle infinie de la divinité, il devait chercher à s'en rapprocher, à s'élever jusqu'à elle; tendance indiquée pour nous servir des vieux mots : dans le paganisme par le mythe de Prométhée, dans la théogonie chrétienne par l'arbre de la science du bien et du mal.

Quelques rares individus de l'espèce, plus spiritualisés par les habitudes contemplatives et spéculatives qui résultent de l'observation continuelle des grands spectacles de la nature, arrivèrent par d'heureuses associations d'idées, de patientes investigations, à acquérir quelques données sur les sciences naturelles, puis sur les arts.

Ces données se propagèrent d'homme à homme, de peuplades à pleuplades, si bien qu'un jour une sorte d'accord tacite se fit, et fatigués d'errer de climats en climats, les pasteurs fixèrent, par l'observation des astres, des lieux de rendez-vous où ils rendaient un culte à l'être supérieur qui avait organisé pour eux la possibilité de l'existence.

Enfin, renonçant aux courses lointaines, ils mirent en commun le savoir acquis par les sages des tribus, les notions, les découvertes conservées jusque-là avec un soin jaloux, formèrent de grandes agglomérations et commencèrent la lutte contre l'inclémence des climats et l'infertilité du sol pour assurer le problème de la vie en société.

Pendant leurs migrations, ces différentes peuplades avaient modifié leur langage par des idiomes propres à chacune d'elle, de sorte que leurs chefs avaient dû se créer des termes nouveaux pour communiquer entre eux, des signes particuliers pour se reconnaître ; errantes jusque-là, elles n'obéissaient qu'à leur fantaisie ou à la raison du plus fort ; ils durent établir une organisation hiérarchique pour que tous leurs actes concourussent utilement au même but : le maintien du bon ordre, dans une foule composée des éléments les plus divers où dominait forcément la force brutale inconsciente et l'ignorance intraitable d'individualités peu accoutumées à se plier à un joug quelconque et qu'il fallait soumettre à une action commune raisonnée et ordonnée, pour subvenir aux besoins de la collectivité, triompher des éléments, des animaux sauvages, asservir à la volonté de l'homme les forces vives de la nature.

Telle fut la première idée de la Franc-Maçonnerie, idée généreuse par excellence de groupement des connaissances acquises et des forces intellectuelles au profit de la communauté et dans un but de perfectibilité ; prendre l'homme presque à l'état animal, lui faire redresser la tête, lui montrer le firmament brillant d'étoiles en lui disant tu viens de là et par la science tu peux t'élever jusque-là. *Os homini sublime dedit cœlum que tuerit jussit.*

Puis les arts vinrent à naître, l'homme dans ses migrations lointaines avait, comme nous l'avons dit plus haut, observé les grands spectacles de la nature : l'idée de l'architecture lui était venue.

Il voulut faire grand.

Dans les longues soirées d'Orient, aux reflets du soleil couchant, il avait vu, alors que l'ombre du soir commence à s'allonger dans le calme de la nature qui s'endort fatigué de la monotonie d'un ciel sans nuages, grandir la taille des animaux et des arbres, s'élever les cîmes des montagnes et l'horizon se creuser en lointains infinis; de là, la conception des sphinx gigantesques, des palais grandioses et de ces pyramides qui passent en grandeur les plus hauts sommets.

Il se jugeait infiniment petit par la comparaison des phénomènes de la nature, dans l'admiration instinctive de son œuvre ; mais il voulut montrer qu'il sentait en lui un reflet de la volonté qui avait lancé les mondes dans l'espace, qu'imparfait par l'enveloppe, il était lui aussi un être intelligent, détaché du tout parfait et tenter œuvre créatrice.

Pour obéir aux inspirations de son sublime orgueil, l'artiste aux grandes conceptions avait besoin d'un instrument puissant et, pour le trouver, de s'adresser à l'homme, il lui fallait assembler tous ces atômes de force, qui ne pouvaient valoir que par leur cohésion, toutes ces énergies isolées, pour en faire un tout, un levier capable d'un grand effort, en souder les molécules de telle sorte que l'outil ne pût manquer à la main de l'ouvrier.

L'organisation qui avait servie au groupement des peuplades errantes pour en faire des nations, fut appliquée aux artisans.

Un architecte, au cerveau puissant, celui qui par son savoir et l'audace de ses conceptions était le premier entre tous, fut choisi pour grand-maître de l'œuvre.

Les ouvriers des différentes branches groupés ensembles sous la direction de sous-architectes: des surveillants.

Des signes perpétuels servaient, tant ils étaient nombreux, à les faire reconnaître entre eux.

Des mots semestriels, mensuels, hebdomadaires, empêchaient les profanes ou les envieux de se mêler aux initiés, pour faire par défaut de science ou par trahison avorter les conceptions du maître et parfois compremettre par un concours volontairement maladroit, l'existence de leurs semblables.

Une véritable machine humaine était créée, avec ses rouages multiples, ses grades infinis qu'on atteignait qu'après de sévères examens, de redoutables épreuves destinées à supprimer en partie l'initiative propre de chacun au profit de l'œuvre commune.

Une force plus puissante que celle même de la machine parce qu'elle était raisonnée, intelligente dans ses moindres rouages, était ainsi mise à la disposition de l'homme, pour tirer partie de l'étincelle sacrée du génie que le grand architecte de l'univers avait mise sur le front de ses privilégiés, au service de cet immense et louable orgueil qui pousse l'homme à entasser les conceptions sublimes sur les chefs-d'œuvre pour se rapprocher du grand tout, de son point de départ, de l'intelligence souveraine, de celui qui a agencé les mouvements planétaires et jeté au milieu d'eux la terre, cet infiniment petit dans l'espace où tout naît, vit, meurt et renaît en puisant chaque fois dans les débris de la mort une existence nouvelle.

Donc, dans l'origine, deux organisations diverses.

La Franc-Maçonnerie des pasteurs des peuples, origine de formation des nationalités et celle des artisans qui se fondent bientôt ensemble pour ne faire qu'un seul corps, appuyé tantôt sur le prêtre élément nouveau dans la civilisation, tantôt sur l'armée, quand l'un ou l'autre devenait trop puissant.

Sur le prêtre chargé d'enseigner au populaire une doctrine civilisatrice quelconque, destinée à suppléer ou plutôt à développer chez lui cette grande religion du devoir qui est écrite en lettres indélébiles au plus profond de l'âme humaine,

Sur l'armée, qui a pour office quand plusieurs groupements de nationalités diverses sont venus se juxtaposer, de protéger la Patrie contre les entreprises du dehors et de maintenir l'ordre au dedans:

En un mot, une organisation générale, autonome, composée de trois éléments distingués chacun par leur but utilitaire: l'intelligence, la force, puis l'industrie s'appuyant sur les deux premiers; voilà quels furent, chez les peuples civilisés de l'antiquité, les matériaux constitutifs de la Maçonnerie ancienne arrivée à son dernier degré de perfection, Maçonnerie qui a laissé (quoiqu'en disent ses modernes plagiaires, ceux dont la respectabilité est intéressée à ne pas remonter au-delà du XVIe siècle et bientôt avant 5874, parce que la grandeur de notre passé les gêne), les traces de son passage, les règles de ses rites aussi bien dans les hiéroglyphes de l'Egypte que dans les villes mortes du Cambodje, dans les écrits de l'Inde que dans certaines organisations sociales encore existantes, soit en secret, soit en public, en Chine, aux Indes et ailleurs.

Qui a eu ses philosophes, ses grands maîtres, ses soldats, son alphabet figuratif sacré fermé aux profanes, sa langue propre, son blason, ses bouffons comme ses héros.

Institution, qui a duré jusqu'au XIIIe, au XVIe siècle peut-être, pour se transformer en sectes diverses, en associations d'intérêts privés, réduisant à petit nombre les vrais adeptes indépendants de cœur et d'esprit, seuls gardiens des traditions sacrées, organisation qui fut dans l'origine une avant-garde de la civilisation.

Ce que nous avons dit jusqu'ici de la Franc-Maçonnerie ne s'applique guère à l'Europe, chez nous cette société n'a jamais eu à remplir le grand rôle social que nous apercevons dans les contrées que je citais plus haut.

Les différentes branches de la Maçonnerie, qui ont été créées en France, à l'imitation des grandes organisations des pays du midi, n'ont jamais eu avec elles de points de contact suivis, ni de ressemblance bien grande.

Instrument civilisateur, la Maçonnerie a perdu toute sa force et toute sa cohésion, lorsque par suite de la grande importance prise par les nationalités et à cause de la fusion des races en quelques unités, son action fut devenue inutile.

Elle se transforme, prend un aspect tout différent, quand nous l'étudions en Europe.

Sous l'Empire romain, puis pendant le Moyen-Age, elle devint un instrument de résistance à la tyrannie du plus fort, tantôt sous l'impulsion des collèges religieux, tantôt sous celle des grands feudataires. Les guerres des Gaules seulement et la Sainte Wehme Allemande peuvent lui être attribuées dans la suite et montreraient son action ; je crois même étant donnés certains rapprochements historiques que les camisades et les jacqueries françaises ne lui sont pas étrangères. Quant aux templiers, légende dont on a fortement abusé dans notre siècle pour créer des loges politiques dissidentes, des instruments de combat, certains ont sûrement reçu l'initiation en Orient, mais de là, à en avoir fait les colonnes de la Maçonnerie, il y a loin, et le roi et le pape ont frappé à faux en les prenant pour les boucs émissaires de l'opposition qu'ils trouvaient à leurs volontés.

L'unité de religion en Europe rendait vaine une organisation qui n'était utile que pour coordonner ensemble des éléments différents et la morale chrétienne se rapportait trop aux lois maçonniques anciennes, aussi bien dans la théorie que dans la pratique, pour que l'une pût vivre à côté de l'autre.

Jusqu'au XVIe siècle, nous n'avons plus chez nous que le compagnonnage, ayant sa langue secrète et ses rites particuliers empruntés aux degrés secondaires de l'organisation ancienne. Il y avait, il est vrai, quelques maîtres parmi eux, rameaux des loges méridionales, mais ils gardaient, à l'égard de leurs frères, les secrets de leur initiation supérieure et de leurs relations avec les adeptes de l'Orient.

Nous sentons, chez nous, la renaissance de la Franc-Maçonnerie, au moment où le pouvoir royal, devenu trop absolu, commence à tomber entre des mains débiles. A l'état latent, sous la fin du règne de Louis XIV, la Franc-Maçonnerie révèle son action sous Louis XV, elle se recrute presque au grand jour, elle est toute puissante sous Louis XVI, elle sort des écuries du château de Versailles et d'une officine de coiffeur pour devenir le marchepied de tous les ambitieux, de tous les dévoyés, de tous les haineux de l'époque, de tous les tripoteurs qui espéraient pêcher en eau trouble et tirent les marrons du feu au profit d'habiles agenceurs de mots et de jongleurs d'idées, instigateurs de toutes les révolutions, dont ils ne soupçonnent pas même le mobile et le but ; brutes inconscientes qui marchent en avant enivrées de grands mots dont ils ne sentent ni la portée ni le vide.

La Maçonnerie sombre presque en 5789, les loges sont déclarées en sommeil, elle était descendue jusque dans la lie du peuple, où elle était allée chercher des instruments pour les plus viles besognes, tout était franc-maçon, et elle ne se relève que sous Louis XVIII, au profit du premier Empire qui, instruit par la conspiration de Mallet, avait tenté de la confisquer à son profit en en favorisant l'essor dans l'armée où chaque régiment avait sa loge : elle renverse Charles X au profit de Louis-Philippe, puis ce dernier, à l'instigation des vétérans de Napoléon Iᵉʳ au profit de Napoléon III, qui, grâce à la glorieuse légende militaire de sa maison, en fait sa chose, pour longtemps, un des plus fermes soutiens de son règne.

Vers 5862, l'esprit de la Maçonnerie française commence à se modifier, la grande prospérité matérielle du pays y attirait l'immigration, les rêveries de libéralisme de Napoléon III, son engouement pour l'idée de fédération universelle des peuples puisée dans les tendances des Carbonaros italiens, lui firent ouvrir toutes grandes les portes de la France, sans plus tenir compte des affinités de race que des impossibilités d'origine.

La petite, la grande naturalisation devinrent chose commune ; sous la fallacieuse idée de la disparition pacifique des antipathies nationales, sous le leurre de l'espoir de la fusion générale des peuples, il ouvrit le pays aux proscrits de toutes les nations, aux ambitions de tous les déclassés, à tous les hommes sans patrie ou sans nom.

Bientôt tous furent citoyens français, maçons français, et les plis de notre drapeau national servirent de sauvegarde à ceux-là même que la politique des nations voisines envoyait chez nous, pour préparer la revanche des victoires de la République et du Premier Empire.

La porte était ouverte, notre organisation civile, nos lois et la poitrine des fils de France furent le rempart, derrière lequel vinrent s'abriter les juifs eux-mêmes, cette lèpre de la civilisation, qui n'ont à l'égard de tout Arien qui les accueille, français, russe ou autre, qu'un sentiment : la haine de dix-neuf siècles d'infériorité sociale.

Ils arrivèrent chez nous, sans bruit, un à un d'abord, puis en bandes innombrables, comme les chacals d'Afrique ou les corbeaux d'Allemagne, s'implanter sur notre sol, incapables de travailler comme artisans, parce qu'ils étaient nomades , par tradition et par nécessité, de se soumettre effectivement aux lois du pays, parce qu'ils ont leur roi particulier, leur grand-père, qui commande d'un bout à l'autre de l'Europe, leurs princes d'exil dans chaque région, leur armée secréte de fonctionnaires de tous ordres, parce qu'ils sont une organisation autonome à la surface du globe, un état dans chaque état, parce qu'ils ne connaissent qu'une chose : la soif de l'or mal acquis, l'oppression lâche de ce qui n'est pas circoncis, parce qu'ils n'ont qu'un dogme, qu'une religion, qu'un but : mordre la main qui les accueille et sucer jusqu'à épuisement la subsistance des pays qui les reçoivent; parce que poussés par un besoin fatal d'errer de climats en climats, ils sont incapables de concevoir l'idée de la patrie; exécrables envahisseurs, qui ne laissent un pays comme leurs congénères d'Afrique et d'Allemagne, que quant à la surface du sol, il ne reste que des os blanchis sur lesquels il n'y a plus de pâture.

Jusqu'en 5862, au point de vue maçonnique propre-ment dit, le travail d'assimilation dont nous parlions plus haut se fit à peu près sans bruit, mais à partir de cette époque, les séances législatives du Grand-Orient de France commencent à retentir de leurs propositions. Le grand conseil sent partout leur opposition, il est assailli de demandes de modifications de statuts, il doit réfréner sans cesse les tentatives faites pour semer les dissensions religieuses ; les Fauvety, les Renan, les Ragon, les Crémieux, les Ruffoni, les Marchal condui-sent la campagne. Les règlements défendaient ces sortes de discussions propres à amener la division entre frères appartenant à des croyances diverses ; en 5874 ils obtiennent une refonte temporaire des régle-ments, elle était statutaire, les constitutions anciennes la permettaient sans en arrêter l'esprit. Les statuts ne sont plus votés que pour trois ans, petit à petit les naturalisés français d'origine étrangère gagnent du terrain, ils modifient l'esprit des loges et en même temps arrivent aux hauts grades. Le grand conseil des trois tenait encore, combattant pour l'honneur du pays, pour la nationalité de France, ils meurent à propos et sont remplacés par trois de ces hommes d'origines fictives, changeant de nationalité selon les besoins de leur cause, ou plutôt les appétits de leur bourse, précieux agents pour les ennemis d'un pays, consciences à vendre, exploiteurs d'idées et de peuples.

De la Maçonnerie française, de notre vieux rite écossais, nous allons voir ce qu'ils ont fait, tant dans le passé en remontant aux origines de la Révolution de 5789, que de nos jours.

Voltaire, qui avait eu pour parrain l'abbé Cordier de Saint-Firmin, un noble s'il vous plaît, ce grand railleur dont la R.·. loge n° 6, le mont Sinaï (du rite d'Hiram) célébrait le centenaire d'initiation dans une tenue solennelle du 18 mars 5878, a été inconsciemment (il eût peut-être reculé devant les responsabilités qu'il encourt aujourd'hui) l'un des plus zélés vulgarisateurs de la Maçonnerie à son époque (il est vrai qu'il lui dût son grand succès de la révision du procès Calas); la finesse de son style, sa façon charmante et sans fiel de railler la vieille organisation monarchique de son temps, tout en encensant jusque par dessous ses bottes le roi de Prusse, notre ennemi héréditaire, l'avait fort mis à la mode.

Tout ce qui se piquait de bel esprit, tout ce qui était plus ou moins frotté de littérature, et le grand architecte de l'univers sait si les beaux esprits manquaient alors, voulut se faire initier.

Ce Monsieur Arrouet, pardon de Voltaire, avait tant

d'esprit, qu'on ne pouvait faire autrement que lui sans s'envillainir.

Toute la cour de Louis XV, puis de Louis XVI, suit le mouvement. La princesse de Lamballe, toutes les jolies femmes de l'époque (c'était un attrait de plus pour les Loges), les abbés, les comédiennes, les présidents au Parlement, tout le monde en était, c'était de si bon ton. On dansait sur le volcan, suivant l'expression d'un des Cassandre de l'époque, on chauffait le fourneau de mine, on en activait les feux.

Arrive 5789, les meneurs en ont assez des mannequins maçonniques dont on a fait jusqu'ici danser les ficelles, ils ne sont plus utiles et les trois grands maîtres, les lumières « des Juifs encore, nous disent les mémoires du temps. Suleau entre autres, qui sentait partout leur action, aussi bien à Paris aux massacres de l'abbaye où on colligeait les montres et le numéraire, qu'à Coblentz où ils conseillaient les princes, » déclarent toutes les Loges de France en sommeil. Les prudents du temps, il y a toujours des gens pour affirmer que la ligne droite n'est pas le plus court chemin d'un point à l'autre, avaient pourtant, comme aujourd'hui, pris part au mouvement dirigeant, comptant le conduire, l'endiguer à leur profit; puis pourquoi ne pas faire partie de cette bonne Franc-Maçonnerie, dont c'est peut être à tort que l'on dit tant de mal? On y serre la main de Monsieur tel, homme bien influent, on mastique et l'on fait feu à côté de la belle madame une telle et cela ne se sait pas, tous les frères ont tour à tour juré le secret le genou nu sur l'équerre et la pointe du compas appuyée sous la mamelle gauche.

Nos trois Yourthes (archives du salon rouge) leur firent bien voir, en les envoyant essayer l'instrument de Guillotin, que ceux qui tirent les marrons du feu ne sont pas toujours ceux qui les mangent, qu'on ne

crée pas impunément une agitation en mettant en
discussion toutes les grandes lois fondamentales de la
civilisation humaine, que le bel esprit coûte cher et que
la perversion, peut-être amusante, du bon sens populaire, que l'abus des grands mots, peuvent conduire à
l'orgie du sang, ce dont bien entendu les malins pro-
fitent : l'argent n'a pas d'odeur.

Napoléon Ier, qui savait son histoire et surtout la phi-
losophie de l'histoire, non celle que l'on apprend dans
Loriquet, Duruy ou autres manuels officiels, mais
l'histoire qui est écrite pour les initiés dans les docu-
ments oubliés à la suite des révolutions, dans les
mémoires qu'imprudemment la caste dirigeante n'a pas
anéantis, ressuscita à son profit la Franc-Maçonnerie.

Comme sous Louis XVI, chaque régiment eût sa loge
où le soldat idolâtre de son empereur, énivré par la
victoire, célébrait ce génie dont il faisait un dieu.

Napoléon tombé, la bourgeoisie guidée par cet
attrait de l'inconnu, qui fait la fortune des sociétés
secrètes, vint s'allier aux vieux débris des loges mili-
taires de Napoléon Ier.

Etaient-ils contents les censitaires de Louis-Philippe
quand on avait caché leurs gros ventres sous le tablier
et qu'ils étaient en colonne le maillet à la main et le
bijou au col !

Vint Napoléon III, depuis longtemps déjà il exploitait
savamment la légende avunculaire.

Il trouva : l'aigle de Strasbourg.

De vieux serviteurs de Napoléon Ier existaient encore
dans les loges ; quelle puissance n'eut pas sur le peuple,
le *T'en souviens-tu ?* le *Il était là grand'mère !* au
lendemain de l'époque romantique.

Sous l'influence de la parole ardente, colorée de ces
vieux débris, les futurs médaillés du bronze de Sainte-
Hélène et des tirades des chantres de l'ère impériale,

les maçons bourgeoisants furent pris d'un beau chauvinisme; à la porte, le roi pétaud, s'écrièrent-ils en parlant de Louis-Philippe; qui ne se souvient des caricatures et des fétiches du temps? d'un côté la poire et le parapluie, de l'autre la tête de canne à silhouette de l'homme à redingote grise; on rêvait déjà de nouvelles pyramides; Louis-Philippe, abandonné de ceux qui l'avaient porté au trône en souvenir de Philippe Egalité, qui en avaient fait leur idéal, leur chose, leur vache à lait, dût gagner piteusement l'Angleterre qui ne lui fit pas l'honneur de l'envoyer à Sainte-Hélène.

Deux jours de barricades, quelques coups de canons, un peu de sang sur le pavé, de beaux discours et l'exil de quelques entêtés, ce fut tout, la France était tranquille; l'ordre régnait dans la rue.

Arrivé au pouvoir, le neveu du grand homme qui n'avait ni l'ambition ni l'envergure nécessaire pour recommencer une campagne d'Egypte ou une bataille d'Austerlitz, s'empressa, tout comme Louis-Philippe, d'organiser son règne bien bourgeoisement. A peine prenait-il le soin, quand son bon peuple de France devenait trop remuant, qu'il sentait de l'agitation dans l'air, de la fièvre dans les masses, de l'envoyer dédaigneusement au loin se faire tirer quelques pintes de sang, soit en Italie, soit au Mexique.

Aussitôt ceint de la couronne impériale, son premier soin avait été de témoigner à la Maçonnerie le grand intérêt qu'il lui portait, il lui devait tant, il lui donna, des grands-maîtres de l'épopée impériale, un prince Louis Murat pour la figuration officielle et un directeur adjoint au grand-maître, mais, pris dans la police, l'illustre frère Réxès qui poussa l'impudence jusqu'à demander un salaire aux loges de France pour le surcroît de besogne qu'elles lui occasionnaient; aussi ne pouvait-on causer librement dans un salon, sans que les termes même de la conversation ne fussent connus en haut lieu et cela malgré toutes les précautions possibles contre les mouchards.

En 5862 même, par délibération de l'Assemblée législative du Grand-Orient, il est décidé que les noms de tous les francs-maçons de France seront donnés à la police; on les mettait sur le contrôle de la rousse; ils acceptèrent cette situation parce que cela leur rapportait, faisait vivre les plus influents d'entre eux; le fait est consigné au bulletin maçonnique officiel.

En 5870, nous constatons, pour la seconde fois depuis 89, l'influence de l'élément anti-patriotique dans la Maçonnerie française, pendant que les chauvins se font tuer autour de Paris, les maçons d'origine étrangère préparent la Commune à l'intérieur, organisent le pillage et les incendies futurs; les naïfs les gênent à l'intérieur des Loges transformées en clubs; ils les envoient se présenter sur les remparts avec la douce persuasion que la vue de leurs insignes désarmerait leurs confrères allemands; ils pensaient sans doute, les éternels gogos, que les soldats de l'Empereur Guillaume allaient déposer les armes et venir leur donner le baiser mystique; les canons teutons leur firent bien voir que la fraternité des peuples est bonne à prêcher aux gens que l'on veut diviser, exploiter, mais qu'en fait de sentiment la raison du plus fort est toujours la meilleure.

Quelques obus de M. Krupp pointés d'avance sur le lieu de la manifestation, eurent vite raison des bijoux symboliques, des tabliers para-balles et de toute la ferblanterie, au grand esclafement des organisateurs du mouvement.

L'Alsace et la Lorraine, la terre allemande d'origine d'abord, les cinq milliards et le reste, la fraternité maçonnique en dernier lieu, voilà le fruit de leurs menées.

Louis XIV, le maître absolu, avait fait la France grande et respectée au dehors, paisible à l'intérieur ; M. de Voltaire, deux siècles plus tard, nous fait payer à l'aide de la Franc-Maçonnerie allemande, qu'il a consacrée en France de son nom et de son talent : les étrivières qu'il avait reçues chez nous et les rudes courbettes qu'exigeait pour lui donner asile le grand Frédéric de Prusse.

Le Maçon patriote, le prêcheur de liberté des peuples, de fraternité quand il espère que cela lui rapportera ; l'homme aux grands mots, aux phrases sonores, avait diminué de deux provinces la France des rois Capétiens.

Une remarque bonne à faire en passant : c'est que si les hôpitaux et tous les monuments publics ont été le but favori des canons allemands, les hôtels des riches financiers israélites ont bien peu souffert pendant le siège aussi bien que pendant la Commune, c'était un grand hasard de voir un obus s'égarer sur l'un d'eux ; on menaçait bien la banque de France, mais on n'osait manifester devant le roi des banquiers du monde, le grand père des juifs, M. de Rothschild, et le fastueux bataillon des millionnaires dont les journaux de l'époque célébraient dithyrambiquement le dévouement au pays, n'eût guère occasion de donner, à moins que ce ne fût au camp de Châlons, à table avec de belles filles de France, et n'eût pas à déplorer des pertes irréparables comme l'école des beaux-arts dont les membres tinrent à honneur d'être au poste le plus périlleux, de donner l'exemple des plus patriotiques souffrances.

Qu'y allaient-ils faire aussi ? Est-ce que quand on a du talent ou de l'argent on se fait tuer pour créer des barrières morales comme la mort de Regnault qui empêche nos peintres d'aller accrocher leurs chefs-d'œuvre à côté des bulletins de victoire de 1870 ?

A la suite de nos désastres, il fallut réorganiser le pays et surtout trouver cinq milliards, pour purger le territoire des reîtres allemands qui buvaient bien du champagne avec nos riches financiers, mais enfin coûtaient cher et menaçaient de tarir le lait de la vache à Colas, leur chose, leur bien propre, la seule raison sociale qui motivât leur présence sur notre territoire.

Bien que nous ne voulions pas toucher à la politique du jour, que nous ne voulions prendre parti ni pour un clan d'individus ni pour une idée gouvernementale quelconque, ce qui est contraire au véritable esprit maçonnique, nous sommes obligés de reconnaître que tout l'effort de la reconstitution du pays, que l'honneur du résultat obtenu, appartient tout entier aux patriotes français sans le concours de la Maçonnerie.

La haute banque israélite y a gagné en quelques mois des sommes fantastiques et son concours a coûté si cher que, s'ils avaient été français, nos grand banquiers eussent été pour toute la durée de notre histoire attachés au pilori du pays ; aucun du reste n'a osé revendiqué une part dans la libération du sol, ils ont sagement encaissé sans bruit le profit de leur petite opération, ce sont eux les véritables vainqueurs de 70, vainqueurs dont le pays n'est pas encore débarrassé, si grosse qu'ait été la rançon, vainqueurs qui l'écrasent, l'exploitent toujours, épuisent sa subsistance, tantôt en poussant aux dépenses ou aux aventures lointaines, comme le Tonkin, qui mènent aux bienheureux emprunts, tantôt par de simples émissions de ces sociétés éphémères qui durent le temps de ramasser l'argent et dont les directeurs vrais empochent les bénéfices comme tel millionnaire de Paris qui a pour palefrenier chef un soit disant de Montgommery, ne laissant sous le coup de la vindicte publique qu'un homme de paille qui a disparu la veille de la catastrophe.

Nous arrivons à 5874, alors la France s'était reconstituée intérieurement, la Maçonnerie également à la faveur du désarroi général, mais cette dernière avait admis dans son sein une énorme quantité de ces étrangers insinuants, beaux parleurs, à nationalités fantaisistes, dont nous parlions plus haut ; attirés par l'état florissant du pays, ils étaient arrivés en masse, formant une invasion plus redoudable que celle des armées allemandes, tous s'étaient fait initier comme adeptes ou affilier comme membre de loges extérieures ; il faisait si bon chez nous, elle était si grasse la terre de France.

Le Grand-Orient comprend bientôt dans sa hiérarchie plus de dignitaires juifs ou allemands ou juifs allemands naturalisés (ce qui n'engage que le pays qui les reçoit), que de français d'origine ; de plus les grades inférieurs, ayant droit de proposition ou de vote, sont envahis par une foule de frères sortis on ne sait d'où, anciens combattants de 48, petits-fils de 89, expulsés des pays voisins, victimes des tyrannies les plus diverses ; c'est même bien à la légère que l'on s'assure si les nouveaux adeptes ont ou n'ont pas un casier judiciaire, mesure superflue d'ailleurs, car il n'y avait pas bien longtemps encore que les hommes de 70, les organisateurs de l'état présent, avaient pris la précaution de brûler le ministère de la justice et d'exercer un peu dans tous les parquets ces prélèvements de dossiers, dont ceux seuls qui en ont lu les titres ou qui sont puissants parce qu'ils les détiennent, comprennent aujourd'hui l'importance. Les anciens compagnons de chaîne auraient pu faire tomber des masques, sombrer des renommées, mais la clef d'or leur fermait la bouche ou une bonne position les rendait discrets, puis un accident est si vite arrivé ;

au surplus, en y réfléchissant, s'attaquer à Monsieur tel ou tel, c'est dangereux ; en France, nous avons le respect des hiérarchies sociales et d'une façon ou de l'autre, on le fait bien voir à celui qui a la langue trop longue, qui ose parler trop haut.

C'est vers la fin de 74, quand on se sentit définitivement les plus forts, qu'on inventa, sous couleur de bien public, la grande opération civilisatrice dont le nom est prononcé avec respect par tous les frères . . . : La révolution économique. Pensez donc, le gouvernement nouveau, la République, c'est le gouvernement du peuple qui n'est jamais riche parce qu'il n'économise pas pour le lendemain, parce qu'il faut bien s'amuser quand on a travaillé (le lundi ne compte pas, le dimanche est confisqué par les cléricaux), huit heures sur vingt-quatre pendant cinq jours, soit quarante heures sur cent vingt ; ses adversaires naturels : c'est nécessairement le gros commerce, les riches bourgeois, les débris de l'ancienne noblesse, tous gens possesseurs de grosses fortunes territoriales, de capitaux qui pourraient devenir dangereux, si secouant la paresse invétérée chez eux par cinquante ans de *far niente*, ils s'avisaient un jour de vouloir rechercher par qui ils sont gouvernés, s'ils voulaient se rendre compte des causes qui, après l'extinction des charges résultant des faits de guerre et de la reconstitution nationale, ont fait monter toujours le chiffre de l'impôt, le capital de l'emprunt, s'il leur prenait fantaisie de comparer la quantité des budgétivores modernes et celle des fonctionnaires anciens, le nombre et le taux des fournitures consenties aujourd'hui avec les errements des régimes exécrés du passé, de vouloir connaître la nationalité vraie de l'employé ou du fournisseur, savoir ce qu'il fait, ce qu'il est.

Alors quelques juifs, doués de génie (au point de vue

des opérations financières, il est de tradition dans la race), inventèrent ce que, dans leur langage figuratif, ils appellent le syphon.

En terme scientifique le syphon est un tube de verre ou autre substance, de forme courbe et à branches inégales, qui sert après un appel d'air, à transvaser le liquide d'un vase dans un autre.

En langage économique, c'est l'action qui consiste à vider les poches de son voisin pour remplir les siennes.

Or, il y a bien des manières de faire fonctionner le syphon et d'en diriger l'écoulement de telle sorte que neuf fois sur dix, le volé n'y comprenne rien et qu'il ne sache pas par où ça coule.

Ça se fait poliment, cérémonieusement presque, avec toutes les formes du droit, toutes les apparences de la plus grande honnêteté.

La bourse d'abord, en matière d'emprunts : les émissions avec le droit de prélèvement du quart ou plus au profit de la haute banque, qui retient par privilège, au taux offert, la majeure partie des titres pour les écouler, aussitôt la hausse faite, aux détenteurs des capitaux ; coûtant cher à l'emprunteur et cher au bailleur de fonds, la haute banque recevant des deux mains du prêteur et de l'emprunteur par la plus-value exploitée du titre et la commission déterminée d'avance pour lancer l'affaire. L'emprunt est déclaré souscrit, cent fois on donne 1 0/0 au taux de 76 par exemple, comme pour l'emprunt russe, et l'on revend au bout de trois mois à 98 ou 100, aux demandeurs non nantis, les titres que l'on a retenus plus ou moins régulièrement.

Les reports qui permettent aux administrateurs des sociétés de crédit d'opérer, soit pour leur compte personnel, soit pour leurs commettants, selon que l'opération est profitable ou désastreuse.

Le coup de la fausse nouvelle ou même de la mise en faillite par ordre ministériel, quand on gêne le grand-père, comme pour la Société Générale, qui donna, malgré des frais grossis à dessein et des conditions désastreuses de réalisation, entre 80 et 100 0/0.

La loi sur les liquidations judiciaires, qui permet aux bien pensants de faire à leurs concurrents la guerre de tarifs, sans encourir les chances de la faillite en cas d'insuccès, alors qu'elle attend tous les syphonnés malheureux, et enfin l'impôt que l'on grossit en augmentant fictivement les charges auxquelles il faut faire face, parce que le produit de l'impôt est de l'argent net, la sueur le-sang du peuple dont on dispose, qu'il s'agisse de travaux ou de fournitures, au profit de qui bon semble, parce que cela sert à faire face aux frais de la guerre contre l'Arien, qui en donnant son argent ou plutôt en se le laissant prendre honnêtement, donne des armes pour se faire battre ; l'impôt dont on change périodiquement l'assiette pour frapper la propriété bâtie sous prétexte de dégrever le sol, en attendant que l'on invente quelque chose contre les industries dont on n'a pas prévu l'heureux essor, l'impôt dont la répartition appartient aux fidèles, aux dévoués, aux âmes damnées du juif, de l'exploiteur éhonté du pays.

J'en passe et des meilleures par respect pour l'honneur du nom de France, je ne parlerai pas de la Compagnie des allumettes, des propositions de lois diverses retirées dès qu'elles ont assez rapporté, comme les droits sur les maïs, les paris mutuels, etc.

On emploie d'ailleurs des formes exquises : un porte-feuille bien garni contenant comme seule indication le nom du propriétaire sur une carte est déposé ou plutôt oublié sur le coin d'un bureau, il fait effet ou non, on ne rend jamais l'argent. — Cartouche, quand il travaillait chez les grands seigneurs, avait cinq cents

louis de point de Venise aux canons de sa culotte,
autant à ses manchettes et plus à son jabot. — Si le
portefeuille a disparu ce n'est pas dans nos bureaux,
vous l'avez perdu en route, ça ne peut être le fait de
nos garçons de salle dont nous sommes sûrs, parbleu,
faites donc attention à qui vous vous adressez, mon
cher Monsieur, on n'est pas léger comme cela, nous
pourrions croire que vous avez l'intention de nous
insulter, de nous faire chanter, de nous discréditer
devant le pays et nous serions forcés de sévir; allez
vous faire doucher, mais n'y revenez plus.

Pour l'agriculture, le commerce et l'industrie, nous
avons les principes et l'action de l'école de Manchester
généralisés à tous les pays environnants et même aux
individualités sérieuses. Les traités de commerce ne se
font qu'à de longs intervalles, et puis rien à faire avec
un gouvernement républicain où les commissions
composées de gens dévoués à leur pays et qui n'ac-
ceptent que difficilement ce mandat, sont au-dessus de
tout soupçon. Mais nous avons les tarifs de pénétration
qui font que deux cents kilomètres de chemin de fer,
partant de Berlin, de Riga ou d'ailleurs, coûtent moins
cher à faire parcourir par la marchandise que 100 k.
à l'intérieur des frontières; que voulez-vous, les tarifs
sont comme cela, à qui voulez-vous d'abord que ça
rapporte? pas à moi, j'habite la France comme vous;
il est vrai, ce que je ne vous dis pas, que j'ai ma maison
de commerce à Riga ou à Berlin, et que je ne suis
réellement en France qu'un simple consignataire
opérant à mon profit et au bénéfice des miens, que je
ne fabrique pas chez vous, mais charité bien ordonnée
commence par soi ou les siens, pourquoi lutterai-je
à égalité avec le commerce national quand vos lois me
permettent de faire autrement? à Paris, je mets ma
marque française et tout est dit. c'est au commerce

français à demander des tarifs de retour équivalents, à exiger des preuves d'origine, qu'il essaie, qu'il fasse de l'agitation, nous le verrons devant les Chambres.

Quant au commerce intérieur, tous les trafiquants sont égaux devant l'acheteur, c'est une question de bon marché : seulement environ 30 p. 0/0 d'entre eux ont une singulière manière de ponctuer leur enseigne, regardez-y comme vous voudrez, mais cela fait . . ou bien on la décore de ce que, dans la grammaire de l'ornement, l'on nomme une rose, quelquefois aussi les trois branches de l'équerre tombent du culot d'un motif de fioritures, ou bien l'on voit ramper au-dessus de la porte toutes les bêtes symboliques du temple de Salomon : l'escargot peureux et baveux, le serpent insinuant et venimeux, la colombe qui affiche sa blancheur symbolique, l'écureuil ménager (cela fait bien en Normandie), le renard cautuleux, etc., cela existe en peinture, en sculpture même dans la pierre de taille, on est si bien assuré contre les revendications du lendemain.

Sans compter ceux qui s'affichent dans la loge seulement et se contentent de pratiquer en secret sous l'œil des frères et amis juifs, qui se font marguillers de leur paroisse, membre du bureau de bienfaisance, etc., pour pénétrer plus facilement dans la confiance de l'Arien, rendre, malgré leur rancœur, de ses services spéciaux qu'on leur paiera d'une place honorable où ils ne seront que des gens à tout faire, d'un bout de ruban mesuré chichement, d'un peu d'or ou du silence sur leur passé.

Marionnettes sans honneur qui vendent leurs croyances, leurs amis, tout en affichant de grands et beaux principes, qui offriraient le sang de leurs enfants pour la Pâques, si cela pouvait leur rapporter quelque chose, panser une blessure de leur amour-propre.

Vous êtes-vous demandé quelquefois, consommateur ou client, ce que voulait dire toute cette floraison d'ornements ?

S'il vous prend, en entrant dans ces officines, une démangeaison au fond de la main, vous vous la ferez gratter et vous paierez meilleur marché que le commun du *Vulgum pecus*, autrement vous serez syphonné et par votre tailleur et par votre bottier, par votre boucher, par votre épicier, par votre notaire, par votre confesseur, par votre dentiste et par votre cuisinière au besoin qui aura un double motif de faire danser l'anse du panier, ça sera pour la bonne cause.

A M D.G, disait-on autrefois, la fin justifie les moyens, aujourd'hui l'on opère A L G D G A.·. de l'U.·.; en morale l'un et l'autre se valent.

En 5885, en vue des élections, les loges ne se contentent plus d'influer sur les destinées du pays, elles les prennent en main, on a ouvert les portes du temple à tout le monde, je dis tout le monde, parce que la seule condition d'admission était de posséder une carte électorale et à quelques autres qui, tout en n'ayant plus le droit de vote, avaient su prendre sur le populaire ou la bourgeoisie ignorante de leur véritable état social une influence qui leur permettait de disposer d'un nombre de voix quelconque, ne fussent que celles de leur propriétaire, de leur concierge et de leur coiffeur.

La majeure partie des fonctionnaires publics, les magistrats, les préfets même dépositaires déjà des noms de nos frères maçons (car les gouvernants de nos jours prennent les mêmes précautions que ceux de l'Empire), sont venus frapper à la porte du temple et recevoir, de gens qu'ils ont notés ou condamnés la veille, le baiser maçonnique.

Que voulez-vous! Impossible de parvenir à rien sans

cela ! Aussi tout le monde entre en danse, divisant le pays
en trois partis, sans compter les subdivisions soigneu-
sement entretenues : religieuses ou anti-religieuses,
conservateurs, centre gauche, républicains de la veille
(mauvaise note au fond, l'idée républicaine vraie est
dangereuse pour l'œuvre moderne), républicains du
lendemain que l'on admet plus dans le sanctuaire, malgré
leur adhésion à la forme nouvelle, parce que l'on serait
trop de monde à manger le gâteau et qu'il faut bien
conserver un nombre assez grand de moutons à tondre.

Partageant, dis-je, le pays en trois castes :

1° Le juif syphonnant nos poches par la bourse et le
commerce déloyal, vendant l'or, l'honneur, la justice,
affermant le droit à l'existence, ayant ses fonctionnaires, préfets, sous-préfet, magistrats, etc., en
nombre suffisant, pour annihiler les Ariens qu'il faut
laisser là pour la montre, sauf à les acheter ou à les
supprimer quand ils gênent, quand, pris de nausées, ils
se refusent à être les instruments dociles du grand-père ;

2° Le maçon moderne vivant des miettes du juif, que
l'on tond juste assez pour ne pas le faire crier, pour le
conserver comme adhérent, comme chien de chasse, en
lui abandonnant le syphonnage de la troisième classe,
jusqu'à ce que, cette dernière venant à disparaître par
épuisement, on le déclare en sommeil pour le syphonner
à son tour, le maçon qui console son orgueil patriotique
ou plutôt masque sa lâcheté, son impuissance, en disant
des maîtres qui le cravachent et lui crachent à la figure :
impossible de rien faire contre ces gens-là, ils détiennent l'argent, sans eux pas de commerce, impossible
de vivre ;

Et enfin 3° le non-initié, taillable et corvéable à merci,
l'animal, la bête de somme que l'on fait suer le travail
et l'impôt inégalement réparti, que l'on tient en lisière,
que l'on étrangle par la calomnie, l'arme ordinaire de

ces sortes d'adversaires qui pas plus que la bête puante n'attaquent jamais l'homme en face, par les instruments du syndicat sous le prétexte politique ou la raison religieuse, en justice par faux témoignages commandés par la loge, ou commercialement en le mettant au ban de ses clients que l'on intimide, que l'on ameute contre lui, si le dégoût lui monte au cœur et que, faisant bon marché de sa position, de sa vie peut-être, il ose se rebeller et parler en patriote.

En un mot, trois états dans l'état, trois ordres remplaçant le roi, la noblesse et le peuple.

La pieuvre juive, hideuse, aux tentacules insatiables; son chien de chasse, son homme à tout faire, quelque répugnante et anti-française que soit la besogne, le maçon d'Hiram, l'homme du chandelier à sept branches le lâche qui sachant bien ce qui l'attend, c'est-à-dire sa suppression un jour donné au profit du premier qui le mangera, tâche par de répugnantes complaisances une honteuse et dégradante complicité, de prolonger sa triste mais fatalement courte existence; le circoncis moral, l'homme qui n'a plus la force, l'énergie de vous regarder en face, l'eunuque de notre siècle d'infamie, le mâle qui se refuse à engendrer une descendance parce qu'il n'a plus le courage de lutter pour élever des enfants, parce qu'il sait qu'il ne procrérait plus que de la chair à plaisir, des fleurs de ruisseau pour le juif son maître.

Et enfin la bête de somme qui n'a pas le droit de lever son mufle du sol, qu'elle trace le sillon pour le maître dont elle remplit la caisse ou mange l'herbe qui l'engraisse pour la boucherie; le paria du dix-neuvième siècle, l'Arien, le français descendant énervé, sans courage, sans honneur, d'un grand peuple dont la fierté imposait autrefois à toutes les nations du globe, dont la loyauté suffisait jadis à servir de frontière entre lui et le yourthe.

Mes Frères, en terminant cette trop longue planche, que vos batteries sympathiques ont interrompue plusieurs fois, il ne me reste plus qu'un mot à dire, qu'un espoir à émettre.

C'est que si bas que vienne à tomber l'institution dont nous nous honorions d'être les membres.

L'œil symbolique qui veille à l'Orient ne se ferme jamais pour nous, alors même que nous serions déclarés au sommeil.

Que jamais, quel que soit l'habileté des faux frères qui nous viennent d'Occident, nous ne perdions la notion du juste et de la Patrie.

Que jamais le reptile allemand, celui qui envoyait ses obus sur nos frères de Paris, défendant en 5870 les remparts de leur cité avec les bijoux symboliques et les ornements des colonnes du temple, le teuton qui n'a pas su comprendre la fraternité des peuples, le condottière de la juiverie moderne, l'exécuteur de ses basses œuvres, ne voie se tendre vers lui la main de la France intelligente, artiste, patriote.

Que notre sagesse, notre bras s'il le faut, fasse justice des faux frères de l'intérieur, que vous soyez forts, dignes, calmes et sans défaillances, que vous sachiez, par votre vertu, reprendre votre pays, rendre à notre France son haut renom, sa gloire, sa place à la tête du monde civilisé, sans engager à la légère ces guerres fratricides auxquelles nous poussent nos ennemis de l'intérieur et de l'extérieur, guerres qui n'ont qu'un but : l'emprunt futur, le drainage des dernières pièces d'or du pays au profit du juif, de la bête de proie qui ronge notre chair.

Quel que soit l'avenir, quelque noir que soit l'horizon et terrible l'orage qui nous menace, échappons aux subtils raisonnements des reptiles anti-français, au XIXe siècle, laissons aux rêveurs insensés ou pervers les discussions religieuses ou civiles, ne faisons cas ni du mot de conservateur, ni de la qualification de républicain pour guider nos actes, laissons ces hochets aux traîtres qui les ont inventés pour nous exploiter à loisir.

Qu'un seul cri de ralliement, suprême insulte pour nos tous puissants oppresseurs, sorte de nos poitrines en face du danger.

France, quand même et le juif...

ROUEN. — IMPRIMERIE NOUVELLE, PAUL LEPRÊTRE.